Bärbel Schäfer · Martin Siepmann

ISARRAUSCHEN

Bärbel Schäfer · Martin Siepmann

ISARRAUSCHEN

Von der Quelle bis München

BAYERLAND

Abbildungen auf dem Buchumschlag:

vorne: Isar bei Schlegldorf
hinten links (von oben nach unten):
Wellenreiter an der Floßlände in München-Thalkirchen
Gleirschklamm im Karwendelgebirge
Am Sylvensteinsee
hinten rechts (von oben nach unten):
Obere Isar im Hinterautal, Karwendelgebirge
Floßrutsche im Mühltal
Isarauen bei Geretsried

In gleicher Aufmachung sind außerdem erschienen:

Im Tegernseer Tal
ISBN 3-89251-159-4

An Leitzach und Mangfall
ISBN 3-89251-178-0

Am bayerischen Meer
Chiemsee – Chiemgau
(Deutsch – Englisch)
ISBN 3-89251-174-8

Landschaft in Bayern
Walchensee – Kochelsee – Staffelsee
ISBN 3-89251-200-0

Werdenfelser Land und oberes Ammertal
(Deutsch – Englisch)
ISBN 3-89251-213-2

Im Landkreis Bad Tölz-Wolfratshausen
(Deutsch – Englisch)
ISBN 3-89251-220-5

Im Landkreis Weilheim-Schongau
(Deutsch – Englisch)
ISBN 3-89251-230-2

Im Berchtesgadener Land
(Deutsch – Englisch)
ISBN 3-89251-244-2

Im Starnberger Fünfseenland
(Deutsch – Englisch)
ISBN 3-89251-257-4

Im Isarwinkel
ISBN 3-89251-259-0

Im Landkreis Landsberg am Lech
(Deutsch – Englisch)
ISBN 3-89251-270-1

Im Ostallgäu
Landkreis und kreisfreie Stadt Kaufbeuren
(Deutsch – Englisch)
ISBN 3-89251-282-5

Im Herzen Altbayerns
Die Landkreise Erding und Freising
(Deutsch – Englisch)
ISBN 3-89251-306-6

Im bayerischen Bäderdreieck
(Deutsch – Englisch)
ISBN 3-89251-324-4

Bilder aus dem Dachauer Land
Die Große Kreisstadt und der Landkreis
(Deutsch – Englisch)
ISBN 3-89251-334-1

Verlag und Gesamtherstellung:
Druckerei und Verlagsanstalt »Bayerland« GmbH
85221 Dachau, Konrad-Adenauer-Straße 19

Fotos: Martin Siepmann
Einleitung und Bildtexte: Bärbel Schäfer

Printed in Germany · ISBN 3-89251-353-8

Einleitung

März

Über der Isar fliegen
Die Möwen im knatternden Wind
Die Enten schnattern und liegen
Am Ufer still. Es sind

Die Wolken nie höher gestiegen
Als diese Stunde im März
Die Möwen schreien und fliegen
Der taumelnden Sonne ans Herz

Eine so schöne Stimmung, wie sie der deutsche Dichter Georg Britting (1891–1964) in seinem Gedicht »März« beschrieb, kann man an vielen Stellen an der Isar auch noch heute erleben. In großflächigen Naturschutzgebieten zeigt sich die Isar als ursprüngliche Flußlandschaft, die zahlreichen Tieren und Pflanzenarten Lebensraum bietet. Zudem steht fast der gesamte Flußlauf mit seinen Ufern unter Landschaftsschutz. Für die Menschen, die in ihrer Nähe leben, ist die Isar gleichbedeutend mit Lebensqualität und einem hohen Freizeitwert, vor allem in der Region um München. Doch in der Vergangenheit barg der Wildfluß auch große Gefahren: Bei Hochwasser riß die Isar alles mit, was ihr im Weg war und wählte jedesmal einen anderen, unberechenbaren Lauf. Aus diesem Grund wurde sie reguliert und korrigiert und mit zunehmendem Fortschritt in ein an die Bedürfnisse und Nutzungen der Menschen angepaßtes Bett gezwungen. Man rückte immer näher an sie heran, baute an ihren Ufern Straßen und schlug Brücken über sie. Die menschlichen Eingriffe in das Flußgeschehen haben deutliche Spuren hinterlassen, bereits vor einem Jahrhundert wurde der einst in Mäandern verlaufende Fluß an vielen Stellen begradigt und kanalisiert. Mit dem sogenannten »Isar-Plan«, einem umfangreichen, auf Jahre angelegten Konzept zur Renaturierung, soll es in Zukunft wieder mehr Naturnähe im Isartal geben.

Die Isar ist ein Fluß mit vielen Gesichtern, der das Landschaftsbild im Lauf der Zeit ständig veränderte. Die Region wurde überwiegend in der Würmeiszeit geprägt, die vor rund 18 000 Jahren ihren Höhepunkt hatte. In Folge der damaligen Temperaturabsenkung nahm die Vergletscherung der Alpen zu und es bildeten sich gewaltige Eisströme, die sich bis ins Alpenvorland erstreckten. Der damalige Isargletscher reichte in seiner nördlichen Ausdehnung bis in den Süden von München. Durch die Schotter, die vom Gletscher von den Alpen her mitgeführt und von den Schmelzwasserströmen mitgeschoben wurden, bildete sich die Münchner Schotterebene. Nach dem Rückschmelzen des Isargletschers staute sich die Isar zunächst im damaligen Tölzer See und danach, zusammen mit der Loisach, im Wolfratshauser See auf. Das Gebiet glich einer Seenplatte mit Deltas aus Kiesen und Sanden. Die Geröllschotter, die der Fluß heranführte, sind heute der Untergrund für die Pupplinger Au. Durch das Einschneiden der Isar in den Endmoränengürtel trockneten die Seen aus und die beiden Flüsse konnten sich am Ende der Eiszeiten mit unbändiger Kraft ihr Bett graben.

Die Isar läßt sich in die drei Abschnitte Obere, Mittlere und Untere Isar gliedern. Ihr Name »Isaria« – die Reißende – stammt von den Kelten und steht für die ursprüngliche, ungebändigte Schönheit eines Alpenflusses, wie wir sie nur noch an wenigen Stellen finden. So zum Beispiel an ihrem Ursprung in Österreich im Karwendelgebirge, wo die Isar den Charakter eines Wildbaches besitzt, der von zahlreichen Bächen aus dem Hochkarwendel gespeist wird. Die Isar entspringt rund 15 Kilometer östlich von Scharnitz im Hinterautal aus mehreren Quellen auf Tiroler Boden. Die Quellwasser vereinen sich mit dem Lafatscherbach, der von der Hallerangeralm auf 1760 Meter Höhe herabfließt. Auf einer Strecke von 20 Kilometern überwindet die Isar rund 300 Höhenmeter; daher ist sie im Hinterautal ein begehrtes Ziel für Wildwasserfahrer. Ab Scharnitz verliert die junge Isar zunehmend ihre Wildheit und erweitert sich in einem weitläufigen Tal mit ausgedehnten Kies- und Schotterbänken zu verzweigten Flußarmen, die sich ständig verlagern. Auch an diesen Abschnitten

entsprechen Fluß und Flußufer noch dem Idealbild einer vom Menschen ungenutzten Naturlandschaft. So erfüllt die Obere Isar wesentliche Funktionen für den Schutz zahlreicher hochgradig gefährdeter Pflanzen- und Tierarten. Bei Krün wird der Isar bis auf eine geringe Pflichtwassermenge ein Großteil ihres Wassers entzogen und zur Stromerzeugung zum Walchensee abgeleitet. Der Ingenieur Oskar von Miller verwirklichte zu Beginn des 20. Jahrhunderts mit dem Bau des Kraftwerkes Walchensee seine Vision, Bayern und die bayerischen Bahnen zu elektrifizieren. Seit 1924 leistet das Kraftwerk einen wichtigen Beitrag für die Stromversorgung. Nach der Ableitung zum Walchensee wird die Isar im Schnittpunkt der vier Naturräume Kocheler Berge, Isartal, Mangfallgebirge und Karwendel in den künstlich angelegten Sylvensteinspeicher geleitet. Seit 1959 bietet der fjordartige See den Bewohnern des Isartales, insbesondere von Bad Tölz und München, Schutz vor Hochwasser und stellt zudem in Trockenzeiten eine ausreichende Wasserführung im Isarbett sicher. Der See fügt sich harmonisch in die Berglandschaft ein und bietet mittlerweile vielen seltenen Tier- und Pflanzenarten Lebensraum. Neben der Isar staut er auch deren Seitenzuflüsse Dürrach und Walchen auf. Darüber hinaus erzeugt er mit seinen Wasserkraftwerken auf umweltfreundliche Weise Strom und hat sich zu einem Anziehungspunkt für Naherholung und Fremdenverkehr entwickelt. Beide Stauseen entlang der Isar – der Sylvensteinsee und der Ismaninger Speichersee – haben sich zu Vogelparadiesen entwickelt. Neben zahlreichen Brutvogelarten wie Drosselrohrsänger und Blaukehlchen lassen sich dort vor allem Zugvögel aus fernen Ländern nieder. Doch die Idylle trügt, denn durch die Wasserableitungen aus der Isar kommt auch deren ursprüngliche Dynamik zum Erliegen. Ihr natürlicher Geröllnachschub ist unterbrochen, Kiesbänke werden nur noch selten umgelagert und das für einen intakten Flußlauf so wichtige Geschiebe wird vollständig zurückgehalten. Damit verstärkt sich die Tendenz zur Eintiefung der Gewässersohle und in weiten Bereichen im Raum Bad Tölz-Wolfratshausen sind die typischen Gewässerbettstrukturen verschwunden.
Ab Wallgau fließt das restliche Wasser der Isar durch den Isarwinkel, vorbei an Vorder- und Hinterriß, Lenggries und nach Bad Tölz, von wo aus sie in die voralpine Hügel- und Moorlandschaft eintritt. Hier hat sie immer noch das Erscheinungsbild eines verzweigten Flußlaufes, nun aber eingebettet in die sanfte Ammer-Loisach-Hügellandschaft. Die »Aorta Altbayerns«, wie sie in dieser Region im Volksmund genannt wird, durchquert die Städte und Gemeindegebiete Bad Tölz, Wolfratshausen, Geretsried und München. Oberhalb von München tritt die Mittlere Isar in die ausgedehnten Terrassen der Isar-Inn-Schotterplatten ein und durchfließt Freising und Moosburg. Landshut, Dingolfing und Landau an der Isar liegen schon am Lauf der Unteren Isar, die bei Deggendorf in die Donau fließt.

Auf ihrem gesamten Lauf, vom Gebirge bis zur Donau, wird die Isar von einem weitgehend geschlossenen Auwaldband begleitet. Es ist nur in den Stadtbereichen von München und Freising unterbrochen. Zwar ist die Vielfalt an Lebensgemeinschaften, so wie wir sie noch an der Oberen Isar finden, deutlich eingeschränkt, doch leben in den Auwäldern seltene Vogelarten wie Gänsesäger und Pirol. Sogar der Eisvogel brütet bisweilen an steilen Uferstellen. Die naturräumlichen Schönheiten und die Vielfalt der Lebensräume an der Isar werden in Naturschutzgebieten vor dem Würgegriff der Zivilisation bewahrt: An der Oberen Isar sind es die Naturschutzgebiete Karwendelgebirge und die Pupplinger und Ascholdinger Auen, die etwa 30 Kilometer südlich von München liegen und inzwischen als die einzige großräumige Wildflußlandschaft Europas gelten. Die Pupplinger Au erstreckt sich von Kloster Schäftlarn bis Wolfratshausen und ist wie auch die Ascholdinger Au ein vielbesuchtes Naherholungsziel. Hier gehört das Flußtal nach wie vor zu den eindrucksvollsten Landschaften des bayerischen Voralpenlandes. Der Fluß kann sich noch frei bewegen und ist in der Lage, bei Hochwasser seinen Lauf zu ändern. Die frischen Kiesaufschüttungen werden schnell von Pionierpflanzen besiedelt. Erfreulich groß ist auch die Zahl der am Wasser lebenden Vögel. An ruhigen Tagen können der selten gewordene Regenpfeifer, die Flußseeschwalbe und der Fischreiher beobachtet werden. Der Isarradweg von den Alpen bis zur Donau bietet eine überaus abwechslungsreiche und reizvolle Landschaft mit malerischen Rastplätzen am Ufer. Ein weitläufiges

Wegenetz verbindet naturkundliche und kulturelle Sehenswürdigkeiten in den Städten mit der freien Landschaft. Der urwüchsige Charakter und die reiche Flora und Fauna locken vor allem im Sommer viele Erholungssuchende in die Isarauen. Um Naturschutz und Erholung in Einklang zu bringen, wachen seit 1984 die »Isar-Ranger« über einen rücksichtsvollen Umgang mit der Natur. Die Isar- oder Naturschutzranger, auch »Hausmeister in der Au« genannt, sehen nach dem Rechten und sind freundliche und sachkundige Ansprechpartner für jedermann. Auch die Münchner zieht es an den Fluß. »Flaucher« nennen sie die Isarauen mit ihren ausgedehnten Kiesbänken auf der Höhe von Thalkirchen. An schönen Sommertagen werden am Flaucher, der auch ein FKK-Gelände bietet, bis zu 30 000 Menschen gezählt.

Flüsse dienten den Menschen seit jeher zur Versorgung mit Wasser, zum Transport von Gütern und zum besseren Schutz vor feindlichen Angriffen. Wie Perlen an einem Strang reihen sich einige der schönsten Ortschaften und Städte Bayerns entlang der Isar. Ihre Entstehung und einzigartige Prägung verdanken sie dem regen Handelsverkehr und der Flößerei. Mittenwald, Krün, Lenggries, Bad Tölz und Wolfratshausen sind urbane Schmuckstücke mit vielen Sehenswürdigkeiten und einer hohen Lebensqualität für die dort ansässigen Menschen. Vor allem der Isarwinkel ist im Sommer wie auch im Winter gleichermaßen beliebtes Ausflugsziel. Neben kulturellen Schätzen gibt es mit Bergtouren in allen Schwierigkeitsgraden und einem ausgedehnten Radwegenetz viele Möglichkeiten für Freizeitsportler. Im Winter zieht es vor allem die Münchner zum Skifahren und Langlauf in die Berge. Über die Jahrhunderte hinweg haben sich die Orte ihren urwüchsigen Charme mit den blumengeschmückten Bauernhäusern und zünftigen Gasthöfen erhalten. Typisch für das Erscheinungsbild ist bis heute die Lüftlmalerei, die seit dem 18. Jahrhundert im Voralpenland als Hausschmuck dient.

Die Kelten, die ab dem 5. Jahrhundert das heutige Bayern besiedelten, mieden zunächst die näheren Uferbereiche der Isar als Wohngebiete, da diese steil und unsicher waren. Nicht umsonst nannten sie den Fluß »Isaria«, denn seine Wasserführung war äußerst unbeständig. Während die Isar im Winter ganz wenig Wasser führte, konnte sie sich nach starkem Regen oder während der Schneeschmelze in einen tosenden Strom verwandeln. Ab dem Jahr 15 v. Chr., als die Herrschaft der Römer vom Gebiet der Zentralalpen übers Voralpenland bis hin zur Donau begann, entstanden entlang der Flüsse Siedlungen. Es wurden Städte gegründet und Handelsstraßen angelegt, um die römische Provinz Raetien mit Verkehrswegen zu vernetzen und die Hauptstadt Augsburg mit Italien zu verbinden. Im 6. Jahrhundert besiedelten die Bajuwaren das Land, Ansiedlungen im Umkreis von München sind jedoch erst am Ende des 8. Jahrhunderts nachweisbar. Es handelte sich um kleine Fischerdörfer am Isarufer, deren Namen auf die Silbe »-ing« endeten wie Schwabing und Sendling und die sich bis heute als Stadtteilnamen erhalten haben. Im Lauf der Jahrhunderte gewannen die Klöster enorme wirtschaftliche Bedeutung, die Benediktinerabtei Schäftlarn war nicht nur für die Seelsorge zuständig, sondern auch für die Vermittlung von Bildung und Kultur. Eine zentrale Machtstellung erlangte die Bischofstadt Freising im erblühenden Mittelalter. Fast die gesamten Ufer entlang der Isar waren in Freisinger Besitz. Handel und Warenumschlag florierten. Vor allem der Salzhandel, der auf der Salzstraße von Bad Reichenhall nach Augsburg über die Föhringer Brücke lief, war eine einträgliche Einnahmequelle. Dem Salz verdankt auch die bayerische Landeshauptstadt München ihre Gründung. 1156 ließ der Welfe Heinrich der Löwe die Föhringer Brücke, die dem Bischof von Freising gehörte, zerstören, um den Salzhandel zu kontrollieren. Indem er etwa auf Höhe der heutigen Ludwigsbrücke eine neue Brücke über die Isar errichtete, konnte er den Salzhandel in den Ort »Munichen« verlegen und sich an den Zöllen bereichern. Unter der Herrschaft der Wittelsbacher blühte München schließlich zur Hauptstadt und damit zum alleinigen Zentrum Bayerns auf. Seit Herzog Albrecht V. (1528–1579) pflegt München sein Image als Kunsthauptstadt und wird auch als »Isar-Metropole« oder als »Athen an der Isar« bezeichnet. Der Englische Garten, den Kurfürst Karl Theodor 1789 als Volkspark anlegen ließ, liegt unmittelbar an der Isar und ist zugleich grüne Lunge und Herzstück der Millionenstadt.

Neben den Einnahmen aus dem »Weißen Gold«, dem Salz, war seit dem 12. Jahrhundert ein weiterer wichtiger Erwerbszweig der Handel mit Holz, das mit Flößen auf der Isar transportiert wurde. Die Flößerei galt, bevor es Dampfmaschinen und die Eisenbahn gab, als wichtigstes Transportmittel für Holz und Baumaterial aus dem waldreichen Oberland. Allein zum Bau des gewaltigen Dachstuhles der Münchner Frauenkirche wurden ab 1468 147 schwerbeladene Bauholzflöße die Isar hinuntergetreidelt. Auch zum Transport von Waren diente die Flößerei; sie bot zum Beispiel den Tölzer Kistlern, Kalkbrennern und Bierbrauern eine Absatzmöglichkeit für ihre Erzeugnisse. Einen Aufschwung erfuhr das Flößergewerbe durch den aufkommenden Handel mit Italien, als venezianische Kaufleute ab 1687 in Mittenwald regelmäßig einen Markt mit Stoffen, Samt, Seide, Südfrüchten und Gewürzen abhielten. Zwanzig gezunftete Floßmeister hatten die Befugnis, die Güter, für die sie auch persönlich hafteten, auf dem Wasser zu transportieren. Auf den Flößen wurden zudem Personen befördert, regelmäßig verkehrten »Ordinariiflöße« nach Wien. In München diente die Untere Lände, eine Isarsandbank, jahrhundertelang als Floßlände, bevor dort 1906 das Deutsche Museum errichtet wurde. Um 1870 war die Insel mit jährlich 12 000 Floßlandungen der größte Floßhafen Europas. Bis heute ist die Isar weit über die Grenzen Bayerns hinaus berühmt für ihre Floßfahrten, die allerdings nicht mehr dem Transport von Gütern, sondern dem reinen Vergnügen dienen.

Am Wasser zu leben ist schön, aber auch gefährlich. Überschwemmungen durch Hochwasser zählen seit jeher zu den größten Naturkatastrophen. Aus diesem Grund versuchte man schon früh, die Isar zu bändigen und ihr die zerstörerische Kraft zu nehmen. Die menschlichen Eingriffe in den Flußlauf haben überall ihre Spuren hinterlassen. Bereits im Mittelalter wurden in München und Landshut Wehre errichtet, um das Wasser aus dem Fluß in die Stadt- und Mühlbäche zu leiten. Im Raum München hat die Isar ihren natürlichen Charakter schon vor mehr als einhundert Jahren verloren, als man ihre Nebenarme kanalisierte, als Verbindung der Schlösser Nymphenburg und Schleißheim Kanäle anlegte und das Isarbett im Stadtgebiet wegen des Hochwassers zwischen hohe Mauern zwängte. Wehranlagen, Deiche, Mauern und ein breites, steriles Hochwasserbett schützen die Stadt vor Überschwemmungen. Mit Hilfe von Ausleitungswehren gelang es, die Wasserkraft über Kanalkraftwerke zur Energiegewinnung zu verwenden – zwischen Großhesselohe und dem Oberföhringer Wehr wird das meiste Wasser auf diese Weise genutzt. Unterhalb von München wird das Wasser in den Mittleren Isarkanal abgeleitet und erst vor Landshut wieder in die Isar eingespeist. Aus diesem Grund führt die Isar während der meisten Zeit des Jahres nur noch wenig Wasser.

Mit großem Aufwand hat der Freistaat Bayern seit einigen Jahren eine Vielzahl von Maßnahmen geplant, um die Isar Zug um Zug naturnah zu gestalten, ihre ökologische Qualität zu verbessern und den Wildflußcharakter wieder herzustellen. Anlaß ist ein verändertes ökologisches Bewußtsein, in dem der Schutz von Lebensgrundlagen und eine intakte Umwelt Vorrang haben vor wirtschaftlichen Interessen. Im Zuge eines Gewässerentwicklungsplanes soll die Isar auf einer 8 Kilometer langen Strecke von der Wehranlage Großhesselohe bis zum Deutschen Museum wieder einen naturnahen Flußlauf erhalten. An verschiedenen Stellen wurden bereits die Ufer umgestaltet und Kiesinseln angelegt. Statt sterilen Betonwänden säumen Felsbrocken den Isarlauf, so daß sich neue Lebensräume für Tiere und Pflanzen entwickeln können. Unterhalb des Oberföhringer Wehrs wurde die Abflußmenge im Sommer auf 21 Kubikmeter erhöht, während im Jahresdurchschnitt dort nur 15 Kubikmeter in der Isar fließen.

Gleichzeitig soll der Hochwasserschutz verbessert werden, indem die Isar mögliches Überschwemmungsgebiet zurückbekommt. Im Zusammenhang mit der Renaturierung konnte ein weiteres ehrgeiziges Projekt verwirklicht werden: Dank hartnäckiger Bürgerinitiativen, einsichtiger Politiker und guter Zusammenarbeit von Freistaat und Kommunen wurde in einer europaweit beispielhaften Maßnahme die Wasserqualität im oberen Bereich der Isar deutlich verbessert. Vom Sylvensteinspeicher bis München hat die Isar jetzt wieder Badewassergüte. Damit ist München die erste Metropole in der EU mit einem Fluß, der sauberes Wasser zum Baden führt.

So rein und klar wie flüssiges Sonnenlicht sprudelt das Quellwasser der Isar im österreichischen Hinterautal aus dem Boden. Im Zentrum des Karwendelgebirges, rund 15 Kilometer östlich von Scharnitz, plätschert sie unscheinbar aus mehreren Quellen.

Von Menschen unberührt scheint die Natur, in der die Quellwasser der Isar zutage treten. Die Quelle unterhalb der Hallerangeralm galt lange Zeit als Ursprung der Isar. Da sie nicht ganzjährig sprudelt, wurde die Benennung »Isar« unterhalb der Kastenalm festgelegt. Wanderer und Tourengeher finden in dieser Wildnis nicht nur Ruhe und Erholung, sondern genießen auch ein einmaliges Naturerlebnis. Der Alpenpark Karwendel ist eines der größten Landschafts- und Naturschutzgebiete der österreichischen und bayerischen Ostalpen. Hier liegt die Schönheit der Natur oft im Unscheinbaren und Verborgenen, das sich dem Suchenden nur durch Sensibilität und Aufmerksamkeit zeigt.

Im sanften Licht der aufgehenden Sonne offenbart sich die rauhe Schönheit des Karwendels mit den Zweitausendern Bettelwurf und Speckkarspitze, zu deren Füßen sich die Hallerangeralm wie schutzsuchend unters Felsmassiv duckt. Sie ist ein idealer Stützpunkt für alle Bergfreunde, Wanderer und Mountainbiker. Während der Mountainbiker sich mit dem Weg von Scharnitz über die Kastenalm begnügen muß, kann der Wanderer oder Bergsteiger auf mehreren Wegen zur Hallerangeralm gelangen.

Auf 1120 Meter Höhe liegt im Talschluß des Hinterautales, gleich hinter dem Ursprung der Isar, die Kastenalm. Von hier aus geht auch der Weg zur Hallerangeralm weiter.

Auf einer Strecke von 20 Kilometern überwindet die Isar rund 300 Höhenmeter und wird daher im Hinterautal ihrem keltischen Namen »Isaria« – die Reißende – gerecht.

Isarwasser – in allen Farben des Lichts von kristallklar über moosig-grün schimmernd bis hin zu weiß gischtend vom Schmelzwasser. Sanft plätschernd oder wild rauschend, sich über Felsen teilend und ungestüm wieder vereinend ist es in seiner sich ständig verändernden Urgewalt an der Oberen Isar zu erleben.

Waldreich und unwegsam scheinen die Ufer der Oberen Isar im Hinterautal zwischen Scharnitz und der Kastenalm. Hier bewahrt die Isar noch ihre Selbständigkeit, fließt in ihrem Bett durch die Täler, das sie sich seit 10 000 Jahren – seit dem Ende der Eiszeiten – gegraben hat. Reichlich Geschiebe aus den Karen des Karwendel führt der Fluß hier mit sich und bezaubert durch seine kristallklare und oft gerühmte grüne Farbe. Hier ist die Isar beliebtes Ziel für Wildwasserfahrer, die sich mit ihren Kunststoffbooten ins reißende Vergnügen stürzen.

Volkstümliche Wandmalereien, die sogenannte Lüftlmalerei, schmücken im alpenländischen Raum noch heute die Fassaden der Häuser. Über die Jahrhunderte hinweg haben sich die Orte dadurch ihren urwüchsigen Charme erhalten. Wohlhabende Bauern, Händler und Handwerker stellten mit den üppig bemalten Hausfronten ihren Reichtum zur Schau.

Tosend rauscht die Leutascher Ache durch die enge Leutaschklamm, läßt sich vom Gebirgsmassiv aber nicht das Wasser abschneiden, sondern kämpft sich mit unbezwingbarer Kraft hinunter ins Tal. Ihr Ausgang liegt unmittelbar an der Grenze von Tirol zu Bayern. Dort in Mittenwald mündet die Leutascher Ache in die Isar.

Ab Scharnitz verliert die junge Isar zunehmend ihre Wildheit und erweitert sich in einem weitläufigen Tal mit ausgedehnten Kies- und Schotterbänken zu verzweigten Flußarmen, die sich ständig verlagern.

Die Flußlandschaft am Markgraben bei Wallgau lockt die Naturliebhaber zu jeder Jahreszeit. Auch für die Mountainbiker, die vor allem im Sommer hier anzutreffen sind, bietet das Gelände nicht nur eine sportliche Herausforderung, sondern zugleich Naturgenuß.

Mit gutem Grund wird der Ort Wallgau als Perle des Isartales gerühmt. Das klare Blau des Flusses scheint mit dem strahlenden Himmel in Wettstreit zu treten und das helle Grau des Kiesbettes spiegelt sich im Urgestein des Wettersteingebirges wider.

Sobald die Isar aus dem Karwendel heraustritt, hat auch ihr freies und ungezwungenes Leben ein Ende. Zwar fließt sie zwischen Scharnitz und Mittenwald in einem breiten, während der Eiszeit ausgewaschenen Gletschertal, doch schon bei Krün, wenige Kilometer nach Mittenwald, endet ihr Lauf in einem Stausee. Mit dem Krüner Wehr beginnen die großen Eingriffe in den Wasserhaushalt der Isar, denn der größte Teil des Isarwassers wird durch einen Gebirgsstollen in den Walchensee umgeleitet.

Nach der Staustufe wird der Isar ein großer Teil ihres Wassers entzogen und zur Stromgewinnung in den Walchensee abgeleitet. Hier wurde nach dem Ersten Weltkrieg das Walchensee-kraftwerk gebaut. Der tiefe Walchensee dient als Speicher, denn von dort aus schießt das Wasser in mächtigen Druckrohren über 200 Meter abwärts zu den Turbinen und mündet in den Kochelsee.

An einigen Abschnitten entspricht die Isar noch dem Idealbild einer ursprünglichen und vom Menschen ungenutzten Naturlandschaft mit einem vielfältigen Reichtum an Arten und Lebensgemeinschaften. Sie erfüllt wesentliche Funktionen für den Schutz zahlreicher gefährdeter Pflanzen und Tiere. Auf den offenen Kies- und Sandbänken gedeihen lichtbedürftige und kleinwüchsige Pflanzen wie der Scharfe Mauerpfeffer, die Zierliche Glockenblume oder der Sandthymian. Insekten, wie der Berg-Sandlaufkäfer oder die Rotflügelige Schnarrschrecke, und die flinke Wolfsspinne finden zwischen Steinen und Vegetation ihren Lebensraum.

Isar bei Wallgau

Die Landschaft, die in der Wärme des Frühjahrs und Sommers vor Überfluß strotzt, verwandelt sich in der Kälte des Winters in ein stilles Märchen aus Eis und Schnee.

Das Rißtal liegt im nordöstlichen Bereich des Karwendels. Dort liegt auch die idyllische Ortschaft Hinterriß, die als einzige ganzjährig bewohnte Siedlung im Karwendel ein Geheimtip für einen erholsamen und streßfreien Urlaub ist. Außerdem ist sie idealer Ausgangspunkt für Wanderungen und Radausflüge im Sommer und für traumhafte Langlauftouren und Spaziergänge im Winter.

Im Schnittpunkt der vier Naturräume Kocheler Berge, Isartal, Mangfallgebirge und Karwendel fließt die Isar in den Sylvensteinspeicher. Der See bietet den Bewohnern des Isartales, insbesondere von Bad Tölz und München, Schutz vor Hochwasser und stellt in Trockenzeiten eine ausreichende Wasserführung der Isar sicher. Der fjordartige See fügt sich natürlich in die Berglandschaft ein und ist Heimat vieler seltener Tier- und Pflanzenarten. Im See versunken liegt das ehemalige Dorf Fall, das vor der Flutung einige hundert Meter höher an der Straße nach Vorderriß neu errichtet wurde. In Ludwig Ganghofers Roman »Jäger von Fall«, seinem erfolgreichsten Werk, wurde es verewigt.

Die Wasserführung ließ in den der Isar zufließenden Bergbächen natürliche Becken, sogenannte »Gumpen«, entstehen, die einige Meter tief sind und deren kristallklares und eiskaltes Wasser nur an sehr heißen Tagen zu einer Abkühlung einlädt.

Südlich von Lenggries liegt der Sylvensteinsee. Das Speicherbecken mit seiner imposanten Brücke verbindet sich mit dem Panorama der alpinen Bergkulisse zu einem beeindruckenden Motiv. Zwei Wasserkraftwerke am Damm dienen der Energiegewinnung. Um den Hochwasserschutz zu verbessern, wurde der Damm im Jahr 2001 um 3 Meter erhöht.

Die naturbelassene Umgebung der Isar unterhalb des Sylvensteinsees ist ein beliebtes Ausflugsziel.

Wasser ist der Ursprung und die Grundlage allen Lebens. Wie kostbar es ist, offenbart sich vielleicht nicht auf Anhieb. Doch in seiner vielfältigen und ungebändigten Schönheit, in seinem Fließen, Rauschen, Plätschern und ungestümen Fallen – wie hier bei den Bergbächen in der Jachenau – vermag es den Menschen immer wieder zu faszinieren.

Die in die Isar mündende Jachen durchfließt die landschaftlich reizvolle Jachenau, ein Gebirgstal, das zwischen Lenggries und Walchensee liegt.

Wenn die Senner einen guten Sommer hatten und das Vieh gesund geblieben ist, werden die Kühe festlich geschmückt wieder hinunter ins Tal getrieben. Der Schmuck besteht aus Tannengrün und Alpenblumen. Glocken um den Hals der Tiere sollen mit ihrem Geläut die bösen Dämonen beim Abtrieb vertreiben.

Ein Denkmal ist der letzte freistehende Kalkofen im Isarwinkel. Er stammt aus dem 18. Jahrhundert, als die im Isarbett vorkommenden kalkhaltigen Steine zu wertvollem Kalk gebrannt wurden. Die ersten Nachweise für die Kalkbrennerei stammen jedoch bereits aus dem Jahr 1347. Die Kalkbrennerei war bis ins 19. Jahrhundert hinein ein wichtiger Erwerbszweig der einheimischen Bevölkerung. Auf Flößen wurde der Kalk von Bad Tölz aus nach München und Budapest transportiert.

Der Name Lenggries leitet sich von seiner ersten urkundlichen Erwähnung als »Lenngengrieze« 1258 ab. Es handelte sich um eine Ansiedlung am »Langen Grieß«, eine Bezeichnung für langgestreckte Geröllfelder und Kiesbänke, die für das Flußbett der Isar charakteristisch sind. Im Einzugsgebiet der Burg Hohenstein siedelten sich vor allem Kalkbrenner und Flößer an, die ihre Erzeugnisse wie Kalk und Holz, aber auch Personen auf der Isar beförderten.

Noch geschwächt vom Wasserentzug des Sylvensteinspeichers sammelt die Isar neue Kräfte und fließt durch den Isarwinkel, der sich zwischen Vorder- und Hinterriß, Lenggries, Bad Tölz und der Jachenau erstreckt. Von dort aus tritt die Isar dann in die voralpine Hügel- und Moorlandschaft ein.

Vom Geigerstein aus hat man ein atemberaubendes Panorama auf das Dorf Wegscheid, das am Fuß des Braunecks liegt und zur Gemeinde Lenggries gehört.

In das rötliche Licht der Morgensonne getaucht wirkt die Alpenkette des Karwendels geheimnisvoll und mystisch wie der Gebirgszug eines fernen Kontinents.

Welcher Wintersportler kennt es nicht, das gut erschlossene Skigebiet am Brauneck. Hier trifft sich die Elite des Skirennsports. Der Lenggrieser Skiclub, aus dem die Olympiasiegerinnen und Weltmeisterinnen Martina Ertl, Hilde Gerg und Michaela Gerg-Leitner hervorgegangen sind, richtet regelmäßig Skirennen am Brauneck-Weltcuphang aus.

Jährlich finden am 6. November in Bad Tölz die weltberühmte Leonhardifahrt statt und am darauffolgenden Sonntag der Leonhardiritt in Lenggries. Die Veranstaltungen sind nicht nur Bekenntnis zu Tradition und Heimatliebe, sondern dokumentieren auch altes Brauchtum. In kostbaren historischen Trachten ziehen die Wallfahrer mit festlich geschmückten und von Pferden gezogenen Tafel- und Truhenwagen durch Bad Tölz.

Bad Tölz liegt am Beginn des breiten Isartales und ist eine der bekanntesten Kur- und Badestädte Deutschlands. Seine Entstehung ist eng mit den traditionellen Handelsstraßen, der Salzstraße und der Isarflößerei verknüpft. Im Mittelalter trieben hier vor allem Kistler, Kalkbrenner und Flößer ihr Gewerbe. Im 17. Jahrhundert entwickelte sich das Brauereigewerbe sprunghaft, denn die Münchner ließen sich ihr Bier aus Bad Tölz liefern. Grund dafür war, daß die Landeshauptstadt nicht über die richtigen Lagerräume verfügte, während die Tölzer im Mühlfelder Tuftuntergrund ideale Eiskeller hatten. 22 Brauereien sind für diese Zeit verbürgt. Das Bier wurde mit Flößen via Isar nach München gebracht. Im 19. Jahrhundert entdeckte man jodhaltige Quellen und 1899 wurde Tölz zum Bad mit Kurbetrieb erhoben. Besonders hübsch ist die Altstadt von Bad Tölz mit der historischen Marktstraße und ihren stattlichen Bürgerhäusern mit den reichen Lüftlmalereien.

Seinen guten Ruf verdankt der Kurort Bad Tölz dem jodhaltigen Wasser, dem Moor und dem heilungsfördernden Alpenklima des Isarwinkels.

Der Kirchsee mit seinem moorig-braunen Wasser und das ihn umgebende Moor sind Reste der Eiszeitgletscher, die vor 20 000 Jahren die Landschaft formten.

Von Bad Tölz bis Schäftlarn sind die Isarauen
wegen ihrer Einzigartigkeit als ehemalige
Wildflußlandschaft und als Lebensraum für
viele seltene Tier- und Pflanzenarten als Natur-
schutzgebiet gesetzlich geschützt.

Entlang der Isar gibt es viele Rad- und Wanderwege, deren Naturschönheit sich besonders im Herbst entfaltet.

Im Sommer ist die Isar ein Eldorado für Freizeitsport und Erholungssuchende. Dort, wo früher die Flöße auf ihren Transportstrecken verkehrten, tummeln sich heute Schlauchbootfahrer bei Wochenendtouren.

Der ursprüngliche Lebensraum der Heidelibelle in Bayern waren Flußauen mit großer Dynamik. Da diese Gebiete weitgehend verschwunden sind, kommt die Heidelibelle heute vor allem in Altwassern, Teichen, Seen und Kiesgruben vor.

Das Weibchen der Adonislibelle taucht fast völlig unter die Wasseroberfläche, um ihre Eier an einen Pflanzenstengel anzuheften.

Der Grasfrosch laicht in fast allen stehenden Gewässern. Die Ballen mit 2000 bis 4000 Eiern breiten sich wie ein Teppich auf dem Wasser aus.

Ist der Wasserfrosch in Paarungslaune, so stimmt er ein ohrenbetäubendes Quakkonzert an.

So naturbelassen und unberührt wie an diesem Altwasserarm sind die Isarauen bei Geretsried nur an wenigen Stellen. Ablagerungen von totem Holz bereichern das Angebot an Kleinlebensräumen.

Auf dem nährstoffarmen Kiesgrund siedeln nur Gräser und Pflanzen, die an die kargen Lebensbedingungen angepaßt sind, die aber deswegen nicht weniger schön und artenreich sind.

Kein Isarkiesel ähnelt dem anderen. Die Isar führt die Steine aus dem Karwendelgebirge mit, das zu den nördlichen Kalkalpen gehört. Die anfangs eckigen Bruchstücke sind durchs Rollen und Springen im Wasser nach spätestens 30 Kilometern eirund geschliffen.

Wenn im Winter das Flußwasser wärmer ist als
die Luft, dann steigt der Wasserdampf auf und
legt einen geheimnisvollen Schleier über die Isar.

Die Isar bei Geretsried als winterliches Natur-
schauspiel

Bizarre Eiskristalle verwandeln die Wasseroberfläche in ein Kunstwerk der Natur. Je nach Temperatur und Niederschlag bilden sich nadelartige, stern-, blasen- oder ringförmige Kristalle. Die kleinen Kristalle aus Luft und Wasser sind eigentlich durchsichtig. Da sie das Licht jedoch millionenfach brechen, erstrahlen sie in einem zarten Weiß.

Zarte Nebelschleppen hängen an einem kalten Wintermorgen über dem Isarlauf in der Pupplinger Au.

Die Steinkugeln sind ein Kunstwerk des Bildhauers Rüdiger Mertsch aus Weipertshausen bei Münsing im Rahmen der Kunstausstellung »Platz!«. Darunter ist die »Performance »Feuerzeug« von Erhard Hössle aus Ebenhausen zu sehen. Der ehemalige Professor an der Akademie der Bildenden Künste in Nürnberg arbeitet mit pyrotechnischen Objekten, in denen er Feuer als zeitweise formbares Material einsetzt.

Moderne Kunst steht für eine moderne Stadt. Geretsried entstand erst nach dem Zweiten Weltkrieg auf dem Gelände einer riesigen Munitionsfabrik. Am Isardamm, der in Geretsried am Hochufer der Isar entlangführt, liegt der »Kunstbunker«. In diesem Bunker aus dem Dritten Reich hat von 1975 bis 2001 der Stahlbildhauer Alf Lechner gelebt und gewirkt. Ab 2001 hat der Kunsthändler und Tierfreund Albrecht Widmann den Bunker übernommen und das Gelände der Öffentlichkeit zugänglich gemacht. Im Namen des Vereins »ACE Tiere in Not« organisiert er mehrmals im Jahr Ausstellungen von Künstlern aus der Umgebung, deren Erlös diesem Verein zugute kommt.

Den Charakter einer noch unbelasteten Naturlandschaft hat die Isar bei Geretsried. Hier hat sich der Fluß seine natürliche Dynamik erhalten. Auf der sogenannten Vogelinsel in den Isarauen leben selten gewordene Vogelarten wie der Flußregenpfeifer, der auf offenen Kiesflächen brütet.

Die Isar ist ein Fluß mit vielen Gesichtern und Charakteren. Je nach Jahreszeit, Witterung und Fließgeschwindigkeit verändert sie ihr Wesen, ist sanft, temperamentvoll oder stürmisch – und manchmal auch ein bißchen launisch.

Wenn die Isar Hochwasser führt, fließt sie so ungestüm, daß sich weiß gischtende Wellen bilden, so wie hier bei Geretsried. Dann macht sie ihrem keltischen Namen »Isaria« – die Reißende – alle Ehre.

Die Loisach entspringt am Fernpaß in Tirol als Wildfluß und durchfließt nach dem Grenzübertritt in Deutschland oberhalb von Garmisch die Griesenschlucht. An ihrem Unterlauf, nachdem sie den Kochelsee hinter sich gelassen hat, wandelt sich die Loisach in einen Wanderfluß und mündet bei Wolfratshausen in die Isar.

Wenn man sich auf der Loisach dem altbayerischen Ort Beuerberg nähert, grüßt der Turm der Klosterkirche schon von weitem. Als Sühne für von ihrem Ehemann begangene Untaten gründete Berta von Iringsburg mit ihren beiden Söhnen Otto und Eberhard 1121 das Augustinerstift Beuerberg, das mit der Säkularisation 1803 aufgehoben wurde.

In einigen Gebieten, wie der Pupplinger Au bei Wolfratshausen, konnte die Isar die natürliche Dynamik eines Wildflußes noch erhalten. Besonders bei Hochwasser macht sich das bemerkbar, denn dann reißt die starke Strömung die unbefestigten Ufer an und lagert Kiesbänke um. Sogenannte Pionierarten, wie Weidengebüsche und zahlreiche Nässe und Feuchtigkeit liebende Kräuter, siedeln sich dann auf den neuen Kiesbänken an.

Seit jeher siedelten sich die Menschen an Flüssen an, um von den Wasserwegen zu profitieren. Das Handwerk der Flößer ist mit der Geschichte Wolfratshausens (hier das Rathaus an der Loisach) eng verbunden. Baumaterialien und Waren wurden auf Loisach und Isar bis nach München, Wien und sogar zum Schwarzen Meer transportiert. Mit der Industrialisierung und dem Bau der Eisenbahnlinie München–Wolfratshausen–Kochel wurden die Flößer jedoch zunehmend ihrer Existenz beraubt.
Wegen seiner Lage am Hauptverbindungsweg nach Italien legten bedeutende Persönlichkeiten in Wolfratshausen eine Rast ein. So hielt Papst Pius VI. auf seiner Reise zum Kaiser nach Wien in der Pfarrkirche eine Messe und Johann Wolfgang Goethe rastete am 7. September 1789 auf seiner Italienreise während eines Pferdewechsels im Postbräu.

Pupplinger Au bei Wolfratshausen im ersten
Tageslicht

In der von Bebauung frei gehaltenen Flußaue, wie hier in der Pupplinger Au bei Wolfratshausen, herrschen die besten Bedingungen für die Erhaltung der Wildflußlandschaft.

Bei naturbelassener Gewässerdynamik entstehen immer wieder neue abwechslungsreiche Uferabschnitte. Sie bilden viele verschiedene Kleinstlebensräume, in denen sich zahlreiche Organismen ansiedeln können. Überschwemmungsgebieten kommt dabei eine wesentliche Bedeutung zu.

Wintermorgen in der Pupplinger Au

Ganz in Vergessenheit geraten ist das uralte Flößerhandwerk noch nicht, wenn es auch seit der Industrialisierung eine völlig andere Bedeutung erlangt hat. Als am 10. Juni 1891 die Isartalbahn von München nach Wolfratshausen eröffnet wurde, entdeckten vor allem die Münchner, daß es eine Mordsgaudi war, sich auf dem Floß die Isar hinuntertransportieren zu lassen. Heute sind die Isar-Floßfahrten vor allem eine touristische Attraktion, die Menschen nicht nur aus Bayern, sondern aus allen Bundesgebieten anziehen. Von zwei Startplätzen in Wolfratshausen aus, auf der Loisach in Weidach und auf der Isar an der Marienbrücke, finden von Mai bis September die Passagierfloßfahrten statt.

Seit 1980 gibt es einen Naturschutzwachdienst an der Isar. Von Anfang April bis Ende Oktober wachen die sogenannten »Isar-Ranger« über das Naturschutzgebiet der Isarauen. Die Ascholdinger und Pupplinger Au sind beliebtes Naherholungsziel vieler Münchner, und um Mensch und Natur in gegenseitigem Einklang zu halten, kümmern sich die Isar-Ranger nicht nur um die Natur, sondern beobachten auch das Besucherverhalten. Dabei agieren sie nicht als grüner Kommandotrupp, sondern in erster Linie als Ansprechpartner für den erholungsuchenden Bürger. Zu den vorrangigen Aufgaben der Isar-Ranger gehören Besucherbetreuung, Aufklärung und Ordnungsfunktion. Ziel ist jedoch nicht die Bestrafung von Fehlverhalten, sondern das Werben um Verständnis für eine intakte Natur. Das Foto zeigt einen der hauptamtlichen Ranger, Bernhard März, bei einer naturkundlichen Führung.

Zum charakteristischen Erscheinungsbild einer naturnahen Flußlandschaft gehören Schwemmmaterial und Treibholz. Entweder verrottet das natürliche Treibgut mit der Zeit und wird zur Lebensgrundlage für Mikroorganismen und Kleinstlebewesen oder es wird bei Hochwasser flußabwärts transportiert, um an anderer Stelle liegenzubleiben.

Im matten Streiflicht der aufgehenden Sonne entstehen reizvolle Reflexe auf dem Wasser. Angeschwemmte Baumstämme und Äste zeugen vom lebendigen und natürlichen Gefüge der Flußlandschaft.

Am mittleren Flußlauf verändert sich das Bild der Isar. Bei Icking wird ihr Lauf durch das Isar-Stauwehr geteilt. Parallel zum Flußbett wird das Wasser in einen Werkskanal abgeleitet, der mehrere Kraftwerkstufen betreibt. Das abgeleitete Wasser wird der Isar nach dem Kraftwerk wieder zugeführt. Zwischen der Isar und dem Werkkanal entstand der sogenannte Stauweiher, der bald Badegäste und Spaziergänger anzog.

Auf einer 25 Kilometer langen Bilderbuchstrecke geht es via Floß von Wolfratshausen aus auf Loisach und Isar gen München. Die Floßunternehmer, Nachkommen alter Flößerfamilien, achten von jeher auf Tradition. Wie seit Generationen überliefert, bauen sie ihre Flöße aus Fichtenholzstämmen in alter Technik zusammen. Wie ihre Vorfahren sind auch sie sich der Gefahren durch Stromschnellen und Strudel auf dem Wasser bewußt. Aus diesem Grund feiern sie jährlich ihre Flößermesse und bitten um Schutz und Segen für die kommende Saison.

Im Bereich der Isarauen gehört das Flußtal zu den eindrucksvollsten Landschaften des bayerischen Voralpenlandes. Durch die ständigen Veränderungen des Flußlaufes und durch die folgende Erosion und Sedimentation entstehen immer wieder neue Standorte für seltene Pflanzenarten. Auf den jungen Flußaufschüttungen, in ehemaligen Bachtälern und Flußarmen siedeln am Wasser lebende Vogelarten und fast exotisch anmutende Pflanzenraritäten wie der Frauenschuh, die Zweiblättrige Waldhyazinthe und der Breitblättrige Stendelwurz.

Webkunst in höchster, vom Menschen bislang nicht nachahmbarer Vollendung offenbart sich bei Gegenlicht in den Isarauen bei Geretsried.

Wandern ist Aktivurlaub, in dem man die Natur zu Fuß entdeckt. Indem man sich der Ferne im selbst bestimmten, gemäßigten Tempo nähert, kann man die Gedanken schweifen lassen.

In den Isarauen bei Schäftlarn veranschaulicht ein Naturlehrpfad Wissenswertes über die heimische Flora und Fauna. Ziel ist es, möglichst vielen Menschen die Augen für die Schönheit der Natur zu öffnen und ihnen die Notwendigkeit zur Erhaltung der Landschaft mit ihrer Tier- und Pflanzenwelt zu vermitteln.

Der Prälatengarten von Kloster Schäftlarn mit seinen fein duftenden Lavendelfeldern wird von Gebäuden aus der Barockzeit umgeben. Der Garten wurde 1998 von der Interessengemeinschaft Schönes Schäftlarn e. V. angelegt. In seinem Zentrum befindet sich ein Springbrunnen, der von einer Quelle gespeist wird. Diese Quelle fließt unaufhörlich, sowohl Tag und Nacht als auch zu jeder Jahreszeit. Neben den Lavendelfeldern blühen im Garten über achtzig verschiedene Rosensorten, Stauden und Sommerblumen.

Vorbei an grünen Ufern mit Mischwäldern, an steilen Hochufern mit Kirchen und Klöstern, unter Brücken hindurch und über Floßrutschen hinunter schwimmt das Floß durch das Isartal. Die unverbaute Schönheit ist dem Isartalverein e. V. zu verdanken, der sich seit 1902 um die Erhaltung dieses Talabschnittes bemüht. Unterhalb Icking geht es in den Werkkanal und nach etwa eineinhalb Stunden wird Kloster Schäftlarn erreicht. Danach fährt die muntere Gesellschaft über viele Rutschen weiter bis zur Floßlände.

An schönen Sommertagen bietet der weite Talgrund der Isar bei Schäftlarn ein ideales Ausflugsziel.

Wenn das Floß langsam in die Rutsche kippt, ist das eine Mordsgaudi. Die längste Floßrutsche befindet sich bei Schäftlarn, wo die Isar an einem Wirtsgarten vorbeizieht. Von dort aus kann man vor allem zur Mittagszeit das feuchtfröhliche Vergnügen beobachten. Eine Musikkapelle und reichlich fließendes Bier sorgen für ausgelassene Stimmung.

Um die Isar rankt sich eine Vielzahl von Sagen. In der Gegend um Schäftlarn und Baierbrunn soll die Isarnixe in Spätsommernächten ruhelos umherwandern und den einsamen Spaziergänger mit schmeichelnden Lauten zu locken versuchen. Als der Bayernherzog Albert IV. sich im Jahre 1487 mit Kaiser Maximilians Tochter Kunigunde vermählte, wurde ein prächtiges Fest gefeiert. Im Zusammenhang mit diesen Feierlichkeiten forderte ein Edelfräulein von einem Spielmann einen Liebesbeweis und warf ihr Geschmeide in die reißenden Fluten der Isar. Der Spielmann setzte sein Leben für sie aufs Spiel und sprang hinterher, aber der Fluß verschlang sowohl den Schmuck als auch den verliebten Spielmann. Drei Tage später war das Edelfräulein ebenfalls spurlos verschwunden.

Der Klettergarten bei Buchenhain wurde als eines der schönsten Geotope Bayerns ausgezeichnet. An Verkarstungen und am Schotter ist erkennbar, daß die Vergletscherung der Würmeiszeit bis ganz in die Nähe dieses Ortes reichte.

Mächtige Rotbuchen an einem herbstlichen
Waldweg bei Straßlach

Die Bierschankgenehmigung der Waldwirtschaft in Großhesselohe geht bis ins 15. Jahrhundert zurück. Damals stärkten sich hier vor allem fromme Pilger, die bei den an den Isarhängen lebenden Eremiten Fürbitte suchten. Bis Ende des 18. Jahrhunderts wurde die bis dahin stille Schwaige ein beliebtes Ausflugsziel für die Münchner. Heute zählt die Waldwirtschaft mit 2500 Plätzen zu den größten Biergärten rund um München. Bei gutem Wetter wird täglich Live-Jazz-Musik geboten.

Mit 31 Metern Höhe und 170 Metern Spannweite ist die Großhesseloher Brücke die mächtigste unter den Münchner Isarbrücken. Sie wurde 1857 als reine Eisenbahnbrücke errichtet und galt zu dieser Zeit als revolutionäre Ingenieursleistung. Da sie über einer tiefen Schlucht liegt, bietet sich von hier aus ein herrlicher Blick übers Isartal.

Dank der Renaturierung der Isar können Wassersportler sogar im Münchner Stadtgebiet ihrer Leidenschaft frönen. Auf dem leichten Wildwasser der Floßlände in München-Thalkirchen trainieren Kajakfahrer Slalom- und Kehrwasserfahren.

München ist die heimliche Welthauptstadt des River-Surfens. Da es in München viele begeisterte Surfer gibt, aber die nächsten Meereswellen für ein Wochenende zu weit entfernt sind, entdeckten die Münchner schon vor Jahren das River-Surfen. Zwei ständig laufende Wellen gibt es am Eisbach und an der Floßlände, wo Wellenreiter ihr sportliches Geschick unter Beweis stellen können. Höhepunkt der Surf-Saison sind die mittlerweile traditionellen Munich Surf Open, zu deren Austragung sich die europäische River-Surf-Szene in München trifft.

Für Publikum brauchen die Münchner River-Surfer nicht zu sorgen. Zaungäste stellen sich von selbst ein, um die Künste der Wellenreiter zu bestaunen.

Vor über einhundert Jahren wurde die Isar aus Angst vor Hochwasser und zur wirtschaftlichen Nutzung in ein steinernes Korsett gezwungen. Nur am Flauchersteg durfte sie ihren natürlichen Flußlauf behalten. Auf den Kiesinseln fühlen sich nicht nur die Sonnenanbeter wohl, denn dank der deutlichen Verbesserung der Wasserqualität kann man an heißen »Hundstagen« sogar wieder in der Isar baden.